HAS
(HOJE, AMANHÃ E SEMPRE), O DESPERTAR!

Aprenda a se conhecer usando ferramentas criativas e descubra seus sonhos, suas metas, suas emoções e muito mais.

(Volume I)

Editora Appris Ltda.
1.ª Edição - Copyright© 2022 da autora.
Direitos de Edição Reservados à Editora Appris Ltda.

Nenhuma parte desta obra poderá ser utilizada indevidamente, sem estar de acordo com a Lei nº 9.610/98. Se incorreções forem encontradas, serão de exclusiva responsabilidade de seus organizadores. Foi realizado o Depósito Legal na Fundação Biblioteca Nacional, de acordo com as Leis n.os 10.994, de 14/12/2004, e 12.192, de 14/01/2010.

Catalogação na Fonte
Elaborado por: Josefina A. S. Guedes
Bibliotecária CRB 9/870

F819h
2022
	Francisco, Julaine Guimarães Gonçalves
	    HAS (Hoje, Amanhã e Sempre), o despertar! : aprenda a se conhecer usando ferramentas criativas: descubra seus sonhos, suas metas, suas emoções e muito mais ; volume I / Julaine Guimarães Gonçalves Francisco. - 1. ed. - Curitiba: Appris, 2022.
	    155 p. ; 21 cm.
	
	    Inclui bibliografia.
	    ISBN 978-65-250-2173-7
	
	    1. Técnicas de autoajuda. 2. Desenvolvimento pessoal. 3. Habilidades de vida. I. Título.
	
	                            CDD – 158.1

Appris editora

Editora e Livraria Appris Ltda.
Av. Manoel Ribas, 2265 – Mercês
Curitiba/PR – CEP: 80810-002
Tel. (41) 3156 - 4731
www.editoraappris.com.br

Printed in Brazil
Impresso no Brasil

Julaine Guimarães Gonçalves Francisco

HAS
(HOJE, AMANHÃ E SEMPRE), O DESPERTAR!

Aprenda a se conhecer usando ferramentas criativas e descubra seus sonhos, suas metas, suas emoções e muito mais.

(Volume I)

FICHA TÉCNICA

EDITORIAL
Augusto V. de A. Coelho
Marli Caetano
Sara C. de Andrade Coelho

COMITÊ EDITORIAL
Andréa Barbosa Gouveia (UFPR)
Jacques de Lima Ferreira (UP)
Marilda Aparecida Behrens (PUCPR)
Ana El Achkar (UNIVERSO/RJ)
Conrado Moreira Mendes (PUC-MG)
Eliete Correia dos Santos (UEPB)
Fabiano Santos (UERJ/IESP)
Francinete Fernandes de Sousa (UEPB)
Francisco Carlos Duarte (PUCPR)
Francisco de Assis (Fiam-Faam, SP, Brasil)
Juliana Reichert Assunção Tonelli (UEL)
Maria Aparecida Barbosa (USP)
Maria Helena Zamora (PUC-Rio)
Maria Margarida de Andrade (Umack)
Roque Ismael da Costa Güllich (UFFS)
Toni Reis (UFPR)
Valdomiro de Oliveira (UFPR)
Valério Brusamolin (IFPR)

ASSESSORIA EDITORIAL
Raquel Fuchs

REVISÃO
Erika Vitoria dos Santos e Josiana Aparecida de Araújo Akamine

PRODUÇÃO EDITORIAL
Raquel Fuchs

DIAGRAMAÇÃO
Daniela Baumguertner

CAPA
Leonardo Gonçalves Francisco e Sheila Alves

ILUSTRADOR
Gabriel Augusto Salvalagio Pereira

COMUNICAÇÃO
Carlos Eduardo Pereira
Karla Pipolo Olegário

LIVRARIAS E EVENTOS
Estevão Misael

GERÊNCIA DE FINANÇAS
Selma Maria Fernandes do Valle

A todos os meus alunos!

A todos os adolescentes e jovens do mundo!

AGRADECIMENTOS

No caminho que estou seguindo, são muitos aqueles que honro e reverencio por todos os conhecimentos transmitidos, que me ajudam a ser melhor. Agradeço aos meus pais, pelo incentivo aos estudos e principalmente à leitura durante minha infância. Também, agradeço à minha segunda mãe e amiga, Sônia Sofia Ronca, que sempre acreditou em mim, mesmo nas vezes em que eu duvidei.

Agradeço ao universo, por toda inquietação interna que, desde minha adolescência, tem me inspirado na busca incessante para me tornar uma pessoa mais alegre, positiva, saudável física e emocionalmente. Sou grata por ter me inspirado com criatividade na construção deste material, que tem por objetivos ajudar meus filhos, alunos, adolescentes e jovens do mundo todo a lidar melhor com seus pensamentos, sentimentos e emoções de maneira que possam, pela escrita, conhecer a si mesmos e se empoderar para construir o futuro com uma vida mais plena e ousada, sendo tudo o que nasceram para ser.

APRESENTAÇÃO

HAS (Hoje, Amanhã e Sempre), o despertar! traz perguntas divertidas, curiosas e profundas, aquelas de tirar o fôlego de quem sempre quis descobrir quem é e quem pode ser. Tudo está correndo com muita velocidade. O mundo mudou, e isso tem levado um nível maior da automatização, de modo que a cada minuto vivemos mais tempo no piloto automático, sem saber, muitas vezes, o porquê de fazermos isso ou aquilo. Vamos nos desconectando de nós mesmos, perdendo a consciência de que conhecer e estar em contato com seu "eu" é a melhor forma de ter os benefícios de ser feliz, saudável e ter uma vida plena.

Por que não desenvolvemos o conhecimento de nós mesmos? Por que não tornamos o autoconhecimento um hábito? Porque não sabemos de que forma começar. Mas agora, com a leitura desta obra, você vai descobrir, de um jeito divertido, que em pouco tempo pode se conhecer melhor. Vai descobrir seus talentos, seus limites e que, para não pirar, precisa apenas respirar.

PREFÁCIO

A conexão com o eu interior e a inteligência emocional devem ser prioridades em todas as fases da vida, pois ajudam a ter relacionamentos mais felizes, aumentando as chances do sucesso. De forma inédita e linguagem simples, revelam técnicas capazes de estimular a formação de uma nova cultura acerca da compreensão da importância do conhecer a si mesmo e dar os primeiros passos para compreender a influência de pensamentos, sentimentos e emoções na atuação no mundo.

Vamos começar:

Nunca esqueça esse autoquestionamento, faça-o sempre que precisar sair de uma enrascada. Ele tira o foco do conflito e diminui as emoções negativas, como raiva e ansiedade. Isso, além de facilitar o encontro de soluções, evidencia que a situação indesejada vai ser resolvida no futuro.

- Quais são as situações que me equilibraram e aumentam minha energia?

Agora que começou seu processo de autodesenvolvimento para o sucesso e a felicidade, siga em frente!

Durante a construção deste livro, você pode rir, chorar, dançar, experimentar coisas novas, pode até mudar as formas de interpretação sobre tudo o que acontece na sua vida. Você vai começar a viver de forma diferente, mais feliz e empoderada.

Se este livro chegou até você, não foi por acaso, então, recomendo que o leia e o construa, pois, nele, há uma mensagem muito importante para você e sua vida. Não é um livro comum, e, na decorrência de sua construção, você vai aprender a se conhecer e criar um estado emocional mais feliz, escolhendo ter atitudes e ações de forma mais consciente. Posso garantir que, a cada atividade, você vai conhecer sua capacidade de se reinventar e conhecer a sua melhor versão.

Então, mãos à obra: se construa.

INSTRUÇÕES

Use lápis, pois assim estará em maior conexão com a natureza.

A ordem pode ser construída por você, mas, quando surgir alguma orientação, seja obediente.

Se for para se sentir mais confortável, siga a ordem natural de um livro.

Faça as propostas em um momento só seu, pois precisa ficar sozinho com alguém para conhecê-lo melhor; faça isso com você mesmo.

Pode partilhar tudo que fizer aqui. HAS (Hoje, Amanhã e Sempre). Esse termo é importante para criar hábitos novos.

Não precisa concluir o exercício se não se sentir pronto, mas volte em outro momento.

Seja verdadeiro, honesto e espontâneo, assim conhecerá a pessoa mais importante para você.

Leve o tempo que precisar, um mês, três ou mais...

Se precisar de ajuda durante a escrita, entre em contato.

Tudo precisa de limpeza, organização, consertos, trocas, assim como uma casa, um carro, suas roupas. Seu eu precisa ser limpo, organizado, construído, reconstruído e reformado em muitas etapas na sua vida, evitando que a sujeira e a desorganização da sua mente se transformem em doenças físicas e emocionais. Este livro é o primeiro passo para iniciar sua transformação.

INVENTE, RECRIE, RESSIGNIFIQUE,

viaje para dentro de você e desenvolva a criatividade; traga para sua vida um eu mais autoconsciente, confiante e empoderado.

É hora de se conhecer e se reconstruir, começar a colocar dentro de você o que realmente expande sua consciência e lhe torna uma pessoa melhor.

Vamos voltar a sonhar, temos direito! Pois sonhar nos leva para um lugar maravilhoso de leveza e felicidade e traz mais sentido para nossa vida. Tudo acontece dentro para, depois, acontecer fora.

SUMÁRIO

1ª
Respire e não pire...27

2ª
Quem é você de verdade?..................................29

3ª
Coisas que ainda vou fazer nesta vida!!!............31

4ª
Meus talentos...33

5ª
Como começar a sentir amor............................35

6ª
Uma chave que abre portas..............................37

7ª
Tomando a melhor decisão............................... 41

8ª
Encontrando formas de sair
do piloto automático...43

9ª
Seja fotógrafopor um dia 45

10ª
Curta seu grupo de amigos de forma especial 48

11ª
Seja você mesmo seu treinador mental....................... 49

12ª
Ser feliz é um dever, então, cumpra 51

13ª
Em uma semana, experimente se conhecer............52

14ª
Conhecendomeus limites...56

15ª
Surpreenda pessoas que são especiais
para você 58

16ª
Sinta-se feliz e positivo diante da vida.......................61

17ª
Meus pensamentos felizes 63

18ª
Hoje seu livro vai passear..65

19ª
Aprendendo a ter pensamentos novos
e melhores..66

20ª
Faça alguém se sentir especial 68

21ª
Minha música favorita 71

22ª
Ser grato é importante 73

23ª
Meus pontos fortes 75

24ª
Um espaço para pessoas especiais...........................76

25ª
Brincando com papéis coloridos................................78

26ª
Eu quero amar... 81

27ª
O que me faz rir? 83

28ª
Meu futuro já aconteceu.. 84

29ª
Vamos fazer uma faxina 86

30ª
Qual é sua linguagem do amor? 88

31ª

Leve seu livro para passear hoje 91

32ª

Seja criativo (felicidade pode ser criada, induzida e elaborada) 93

33ª

Criando um dia perfeito 96

34ª

O que vai desaprender hoje? 98

35ª

Meus sonhos do futuro 100

36ª

O que vou realizar primeiro 102

37ª

Em contato com o mundo 104

38ª

Perdão a mim? Ou a quem for preciso!! 105

39ª

Seja um youtuber hoje e use as redes sociais 107

40ª

Fazendo novos downloads de arquivos 110

41ª
Dando o melhor para alguém............112

42ª
Uma pequena lista de práticas para melhorar
a autoestima............113

43ª
O que está acontecendo nas minhas conversas?......115

44ª
Melhorando minhas conversas............117

45ª
Minhas emoções............119

46ª
Aprendendo a ouvir............121

47ª
Reconhecendo meu momento presente............123

48ª
Cuidando das áreas mais importantes
da minha vida............134

49ª
Dobre a orelha das suas páginas favoritas............147

50ª
Seja o engenheiro e o arquiteto
da sua história............148

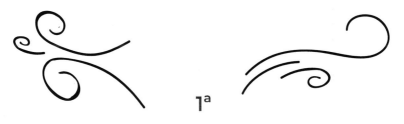

1ª
Respire e não pire

Recriando, ressignificando e reequilibrando

(10 minutos para pessoa mais importante do mundo: VOCÊ)

Crie um momento especial para você durante o dia que lhe deixe leve relaxado e inspirado, isto é, que aumente sua energia e deixe sua mente e corpo equilibrados, assim, será mais assertivo e eficaz na maioria de tudo o que se propor a fazer.

Será que isso é possível?

Precisamos criar o hábito de olhar para dentro. HAS (Hoje, Amanhã e Sempre), pois cuidar e desenvolver habilidades emocionais deve ser como escovar os dentes todos os dias; assim muitas doenças emocionais e físicas que se instalam primeiro na parte emocional, podem ser evitadas, acalmar e limpar a mente também diminuirá a ansiedade e o estresse, aumentando seu foco e concentração nas atividades que for desenvolver no dia a dia.

Escolha um vídeo, áudio ou música, para relaxamento, aquela de sua preferência, aquele som que mais se conectar com você.

Sente-se em uma posição confortável na qual a coluna fique ereta, pode ser em uma cadeira ou no chão, feche os olhos e não os abra, concentre-se apenas na música; os pensamentos vão embora da mesma forma que chegaram; inspire profundamente enchendo a barriga de ar, possibilitando que sua expiração seja um pouco mais demorada que sua inspiração.

No início da manhã isso torna você mais inspirado, criativo e energizado.

No final do dia lhe torna mais relaxado, diminuindo a ansiedade e o estresse.

Momentos de relaxamento HAS, me conduzem ao meu bem-estar diário.

2ª
Quem é você de verdade?

Responda, se puder:

Lendo este texto, você consegue conhecer essa pessoa superficialmente ou profundamente?

Quem é você de verdade?

Você é mais do que isso, volte ao texto e acrescente:

- Seus talentos:

- O que você faz que lhe deixa feliz:

- Tantas coisas legais e boas que já fez por aí.

3ª
Coisas que ainda vou fazer nesta vida!!!

Pensar e sentir repetidamente
vira hábito, que
pode virar ação e isso
será seu destino a
longo prazo. Então... foco
no que quer.

4ª Meus talentos

Reconhecer meus talentos e lembrar que sou bom em muitas coisas, isso me ajuda a ser melhor a cada dia e assim não preciso me comparar com os outros.

Escreva aqui 10 talentos seus:

1 _____
2 _____
3 _____
4 _____
5 _____
6 _____
7 _____
8 _____
9 _____
10 _____

Fotografe com seu celular.

Sempre que se comparar com os outros, se sentir inferior e notar que precisa melhorar sua energia, ficar mais confiante e positivo, leia os 10 talentos.

5ª
Como começar a sentir amor

Cole nesta página alguns recortes de revistas de coisas fofas: filhotes de animais, flores, crianças e paisagens.

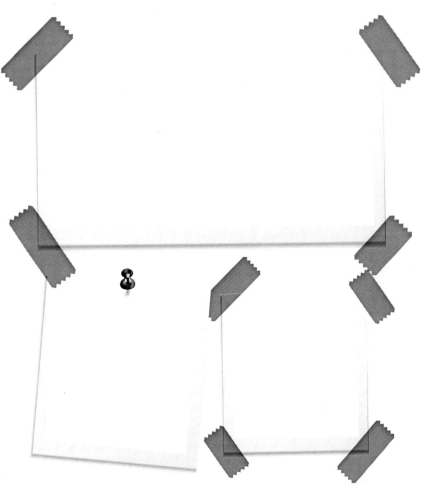

Agora que terminou sua colagem, complete a frase:

Eu estou me sentindo:

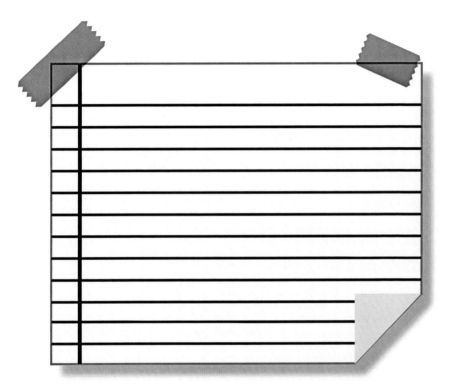

Acabou de conhecer o poder que uma imagem exerce sobre você. As imagens são excelentes reprogramadoras do nosso cérebro e quando escolhidas com carinho podem nos tirar de um estado mental negativo.

Aproveite e decore seu ambiente com imagens lindas da natureza e dos seus sonhos futuros.

6ª
Uma chave que abre portas

A emoção que sentiu ou que está sentindo agora, aquela que engatilha suas ações e atitudes, ninguém colocou dentro de você, ela já existia. O outro foi somente o gatilho para você se mostrar como realmente é ou como você está por dentro. Cada pessoa reage de forma diferente diante dos mesmos fatos, porque os fatos são neutros. Cada um dá o significado ou sentido de acordo com seus pensamentos, sentimentos e pelos valores da educação que recebeu.

Quando você reconhecer isso pode dar um salto no despertar da sua consciência e sua forma de falar e agir serão melhores. Isso é maravilhoso, saber que outro é meu espelho e mostra o meu interior.

A seguir estão relacionadas as atividades 1 e 2 para você se exercitar.

Fatos são neutros, reflita olhando a imagem e pense, cada um vê por um ângulo.

1. Isto é um 6 ou um 9?

2. Auto-observação

Relate aqui alguma situação na qual olhou por pontos diferentes.

Se tivesse oportunidade de fazer diferente quando algo parecido acontecesse, o que faria? Sabendo que pode discordar, mas nunca desrespeitar.

O que vai fazer
hoje para seu
dia melhorar?
Pequenas
ações diárias
geram grandes
resultados

7ª

Tomando a melhor decisão

Verificando pontos que podem ser mudados

Se você está sentindo alguma emoção negativa, raiva, vitimização, tristeza – porque acha que alguém causou isso em você, pense:

Ao respirar profundamente e soltar demoradamente ou contar até 30 devagar, nesse deixar de agir, com a área ligada aos extintos, essa perde força e é desativada após 30 segundos.

Sendo assim, você passa a agir e tomar suas decisões, com outra área mais inteligente do cérebro, levando-o a fazer novas conexões neurais. Quanto mais acionada, desativa e diminui as emoções instintivas e as decisões serão mais acertadas. As palavras não vão virar uma discussão, terá pensamentos positivos, emoções mais equilibradas e as respostas estarão à altura de ajudar-lhe a resolver as situações. Você não vai se machucar, nem machucar o outro.

Nunca responda ou aja de imediato, pode se arrepender.

8ª
Encontrando formas de sair do piloto automático

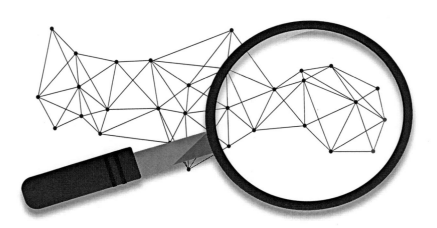

Encontrando formas de sair do piloto automático, criando conexões neurais:

A partir de hoje vai fazer coisas diferentes. Escove os dentes com a outra mão, se for destro, use a mão canhota e vice-versa. Tome banho no escuro, deite-se ou levante-se de um jeito diferente.

Essas são algumas ideias, seja ousado, crie outras conexões!!!!

Registre aqui o que você vai fazer de diferente neste mês. Isso vai promover a renovação do seu cérebro e o uso de novas áreas desse seu potente computador.

9ª
Seja fotógrafo por um dia

Faça a melhor fotografia quando ver uma árvore com flores ou frutos.

Use essa imagem uma semana na tela de abertura do seu celular e admire a beleza e a abundância que a natureza tem para oferecer. Mesmo sem perguntar a ninguém quantos frutos e flores tem que dar, ela dá sempre o seu melhor.

Agora, escreva uma frase para justificar a abundância das folhas, flores ou frutos que observa na natureza; ela se desenvolve plenamente dando seu melhor.

Dia da foto ___ / ___ / ___.
Nome da planta ou das plantas _____.

Onde quer que eu esteja, sempre dou meu melhor.

Sonhar cria novas realidades, sonhar repetidamente com desejo ardente te leva a conquistar.

10ª
Curta seu grupo de amigos de forma especial

(Atividade para fazer em grupo)

Quando estiver com seus amigos, coloque uma música especial para vocês dançarem juntos, aproveitem o momento. Terminada a música, com uma palavra somente, cada um descreverá o que sentiu durante a música.

Complete os "post-its" depois que fizer esta atividade.

11ª

Seja você mesmo seu treinador mental

(Faça coisas diferentes)
Use a mão não dominante e crie conexões neurais.
Aqui é um lugar para sua lista de sonhos, aqueles que o tornarão uma pessoa mais feliz e realizada.

Sou amado e tenho um bom relacionamento com _____.
Eu sou saudável _____.
Eu me alimento _____.
Eu amo praticar _____, isso faz bem para meu corpo e minha mente.
Eu me sinto _____.
Meus pensamentos são _____.
Eu tenho _____.
Eu moro _____.
Eu comprei _____, isso me traz conforto e felicidade.
Eu viajei para _____.
Eu sou _____.

Aqui estou produzindo poderosos antivírus para pensamentos, sentimentos, emoções e hábitos negativos que me limitam. Escolha uma dessas frases para acompanhar você.

Você decide a cada dia quem deseja ser, e assim será.

12ª
Ser feliz é um dever, então, cumpra

O que é importante para me sentir feliz?

_____
_____
_____
_____
_____
_____
_____
_____
_____
_____
_____
_____
_____
_____

Escolha algo que escreveu. Pratique e pesquise profundamente sobre o assunto.

13ª

Em uma semana, experimente se conhecer

Relate os acontecimentos no seu dia e não esqueça nada, hein!

Faça isso sem julgamentos.

	DIAS DA SEMANA	SEGUNDA	TERÇA	QUARTA	QUINTA	SEXTA	SÁBADO	DOMINGO
VITÓRIAS								
DESAFIOS								

Agora, reflita:

- Quais as formas de agir?
- Quais atividades vai manter?
- O que precisa ser feito de forma diferente?
- Qual vai ser a sua postura agora?
- Como vai escolher reagir?

Dica: use a respiração consciente da atividade 1, de 8 a 10 minutos por dia e faça silêncio para ouvir o seu eu interior e, assim, encontrar respostas para os desafios.

Treine a sua
mente para
viver no
presente, seja
seu domador
e colherá
resultados
positivos.

14ª
Conhecendo meus limites

Use o gravador de áudio do seu celular ao final do dia e relate tudo o que aconteceu com você. Após concluído o áudio, mande para você mesmo.

Quando estiver pronto, ouça SEM julgamentos:

1. Preste bastante atenção no tom da sua voz.

2. Como ele é quando fala de assuntos que lhe deixaram irritado e que lhe deixaram feliz? O que sentiu nesses momentos?

3. Pense no que gostaria de agir e sentir de forma diferente da próxima vez que alguma situação desafiadora acontecer de novo.

4. Quando não conseguir encontrar saída para alguma situação, faça pesquisas, leituras, assista a um vídeo sobre o assunto, isso vai lhe ajudar muito.

5. Na próxima página proponha estratégias de como agir melhor da próxima vez, pois não preciso ser perfeito, mas tenho que ser melhor a cada dia.

Plano de ação?

O que vou dizer?
O que vou fazer?

Vou contar até 30 e meu cérebro não vai me deixar agir por extinto, 30 segundos, é o tempo suficiente para nosso cérebro fazer novas conexões neurais.

_____
_____
_____
_____
_____
_____
_____
_____
_____
_____
_____
_____
_____
_____
_____

15ª
Surpreenda pessoas que são especiais para você

Tornando um dia simples em especial

Convide seus amigos para um lanche e faça algo especial que eles não esperavam de você.

Proponha uma atividade em grupo em que cada um terá que apontar um ou mais pontos fortes uns dos outros. Podem escrever em post-its que serão colados em alguma superfície que pode ser uma parede, cartolina ou algo de sua criatividade. Coloque de fundo uma música que seu grupo goste para estimular o cérebro.

Fotografem o material, leiam em voz alta e observem que em um momento de partilha, não necessariamente pode ser só a comida física, podemos ser criativos, reconhecendo os talentos e valorizando as pessoas que nos relacionamos, isso nos torna mais felizes e com relacionamentos fortalecidos.

Promova um evento especial, surpreenda as pessoas que você gosta com algo inusitado!

Use e abuse das ideias e planeje seu evento.

Nome do evento:
_____

Dia ou noite: _____

Hora/data ___ / ___ / ___ , _____

O que vou servir? Será um lanche compartilhado?
_____

Quais são as atividades que farei para valorizar meu grupo:
_____

Como farei o convite para que eles se sintam especiais?
_____

Eu decido
viver de
forma mais
harmoniosa,
pois, assim,
melhoro
minha saúde
física e mental.

16ª Sinta-se feliz e positivo diante da vida

Com os olhos fechados, lembre-se de acontecimentos muito felizes que já viveu. Se não conseguir encontrar, crie um acontecimento, forme uma linda imagem na sua mente, algo especial que você gostaria de vivenciar, um lugar lindo, maravilhoso que gostaria de visitar, algo que gostaria de ter. Fixe-se nos detalhes, cores, cheiros e sensações como se estivesse acontecendo agora, pois seu cérebro não diferencia o real ou o imaginário; para ele, isso aconteceu, e pronto.

Assim, faça um lindo filme mental com as imagens e fique nele por alguns segundos, se conseguir ficar um minuto, melhor ainda.

Sugestão: todas as vezes que estiver diante de um momento difícil para você, volte a reviver esse momento feliz.

Psiu! Quando fizer a respiração consciente pode usar esse filme.

Registre nos balões a seguir, em letra de forma, emoções, sensações físicas e pensamentos que surgiram durante a atividade anterior.

Com ações simples HAS, você reprograma o seu cérebro.

17ª

Meus pensamentos felizes

Borrife aqui seu perfume preferido quando terminar de registar seus pensamentos felizes.

Um fenômeno
que traz o
aproveitamento
do momento
presente: a
gratidão.
Você já
agradeceu hoje?

18ª
Hoje seu livro vai passear

Quando estiver preparado, leve este livro para passear como você e observe a paisagem, o que as pessoas estão fazendo, sem críticas, fixe nos detalhes, divirta-se com as coisas lindas e fofas que o passeio está lhe proporcionando.

Se expresse em um pequeno texto ou em frases soltas, começando de fora para dentro, nos círculos da folha.

19ª
Aprendendo a ter pensamentos novos e melhores

Sente-se semanalmente ou ao final de cada dia e faça uma auto-observação consciente sobre os pensamentos que se repetem com mais frequência.

Comece a se autoquestionar: (use um ou mais dos recursos seguintes)

- 1º Por que penso nisso? Essa frase enfraquece muito os pensamentos negativos.

- 2º O que ganho de positivo pensando nisso?

- 3º Quando ele aparecer mais de uma vez durante o dia diga: você de novo? Ou: não preciso mais de você.

- 4º Dê um delete mental, para apagar o que não quer mais, como faz no celular.

- 5º Troque seus pensamentos por uma palavra ou uma frase que representa o contrário do que pensou.

- 6º Ouça sua música preferida, esse exercício traz benefícios de leveza, felicidade e muito mais.

- 7º Antes de dormir, pergunte a você mesmo o que fazer para não ter esses pensamentos.

O seu cérebro, neste momento, está tranquilo e relaxado. Assim, assimila com mais facilidade a sua ordem e começa a trabalhar a seu favor, e se fizer isso por vários dias, antes de dormir, vai encontrar uma forma de dar a resposta a você mesmo. Vão surgir ideias de como fazer as coisas de formas diferentes.

Eu não sou meus pensamentos!
Posso escolher no
que quero pensar.

20ª
Faça alguém se sentir especial

"Uma escrita valorizando o outro."

Recorte e use a próxima página quando sentir que tem algo especial para escrever para alguém.

Pode ser um aniversário, casamento, Natal etc., pois para dar um bom presente, nem sempre é necessário dinheiro. Vale a pena usar a criatividade.

Uma escrita valorizando o outro, deixe uma página inteira e coloque imagens de valorização do outro.

21ª
Minha música favorita

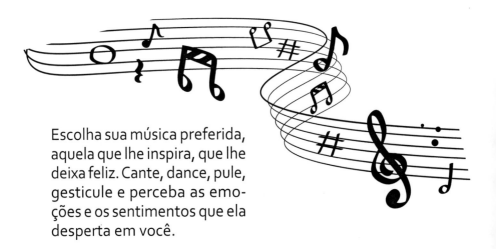

Escolha sua música preferida, aquela que lhe inspira, que lhe deixa feliz. Cante, dance, pule, gesticule e perceba as emoções e os sentimentos que ela desperta em você.

Observe que seus pensamentos e emoções trazem um estado de leveza.

Continuei completando com palavras o que está sentindo:

_____
_____
_____
_____

Agora que você já sabe que isso é um exercício poderoso, o qual eleva a frequência da sua essência, pode usar quando quiser sair de uma situação que gera emoções negativas.

**Aja e fique no momento presente.
Desfrute do seu melhor.**

Não é sobre não ter desafios; é sobre como escolher lidar com eles. Isso muda seu destino.

22ª
Ser grato é importante

Hoje seu trabalho é agradecer. Faça uma lista dos acontecimentos legais da última semana.

Inicie pelas coisas mais simples e básicas, aquelas do cotidiano, as quais não vivemos sem, mas nem sempre as percebemos.

Exemplo: internet, água, sua cama, seu sabonete, e por aí vai...

Sou grato(a) _____.
Sou grato(a) _____.
Sou grato(a) _____.
Sou grato(a) _____.
Sou grato(a) _____.
Sou grato(a) _____.
Sou grato(a) _____.
Sou grato(a) _____.
Sou grato(a) _____.
Sou grato(a) _____.

Terminou?

Agora faça uma auto-observação, examine suas sensações, as quais poderão ser de leveza, calma, felicidade, agradecimento e amor.

Neste momento, você sente algo especial porque a gratidão eleva sua frequência emocional.

> **Faça o exercício de gratidão.
> Comece aos poucos, até que se
> torne um hábito e o pratique
> diariamente, pois assim despertará
> em você sentimentos, sensações
> e emoções maravilhosas para o
> momento presente.**

23ª Meus pontos fortes

Reconhecendo seus pontos fortes e os que precisam ser melhorados.

Pontos Fortes	Pontos a melhorar

Escolha um ponto a ser melhorado por semana e desenvolva-o!!!

Uma dica: use post-it e cole seus pontos fortes na capa do seu celular ou fotografe e coloque como tela de descanso.

24ª
Um espaço para pessoas especiais

Esse espaço é destinado para uma ou mais pessoas especiais deixarem um recadinho do coração para você.

Escreva uma frase de gratidão:

25ª

Brincando com papéis coloridos

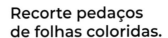

Seja criativo

Recorte pedaços de folhas coloridas.

Faça cortes para tornar as formas geométricas mais criativas que representam pequenas folhas da sua árvore do amor. Depois escreva nelas palavras que representem amor. Dica: se não se lembrar de muitas, faça uma busca no Google e vá construindo uma linda árvore.

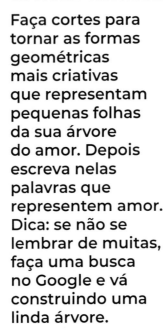

Em nosso cérebro foi instalado um software. Você pode atualizar se estiver ultrapassado, ou se não gostar dele, pode trocar as formas de pensar.

26ª
Eu quero amar

Você descobriu muitos vocabulários que podem representar o amor, não é?

Pois esse fenômeno incondicional tem muitas formas!!!

- Escolha três formas que precisa desenvolver e pratique durante essa semana e vá observando o que sente quando estiver praticando.

Registre a seguir seu plano para pôr em ação essas novas formas de amor.

Quais são as formas?	Quando vou fazer?	Como vou fazer?

Auto-observação do nosso interior promove expansão da consciência, tornando-nos mais felizes e eficazes em nossas ações.

27ª
O que me faz rir?

Escreva nos sorrisos...

Faça algumas dessas coisas diariamente.

28ª

Meu futuro
já aconteceu

QUERIDO EU

Essa página ficará em branco até você sentir que pode escrever uma carta de gratidão para seu eu do futuro contando tudo o que já conquistou para sua vida material e emocional.

Eu _____ hoje estou feliz e agradecido por _____

_____

_____

_____

_____

_____

_____

_____

_____

_____

_____

_____

_____

_____

29ª
Vamos fazer uma faxina

Respiração consciente

Inspire contando até 4 e solte contando até 6. Faça onde estiver, não perca tempo, mas se for possível, feche os olhos e escolha um lugar tranquilo.

Depois de respirar assim entre 10 e 15 vezes, estará mais consciente e relaxado e terá feito uma faxina na sua mente, abrindo espaço para aumentar seu foco e sua concentração, melhorando e aumentando seu desempenho em qualquer atividade que for realizar. Isso é como tomar um bom banho e tirar toda sujeira. Treine dar banho na sua mente e assim a cada dia você será melhor do que foi no dia anterior.

Respirando e não pirando suas ações serão mais assertivas, pois a respiração consciente ativa áreas mais nobres do cérebro e coloca você no controle, não os seus instintos.

Respirar pode lhe ajudar a diminuir conflitos.

30ª

Qual é sua linguagem do amor?

Reconhecendo as linguagens do amor (Gary Chapman)

- 1ª Palavras de afirmação: para me sentir amado preciso ouvir palavras que me impulsionam. Gosto que as pessoas me falem palavras radiantes, é importante ouvir palavras positivas, um elogio, um agradecimento, entre outras.

- 2ª Tempo de qualidade: gosto de ficar perto das pessoas que eu amo, preciso de atenção total nesses momentos, não gosto que o outro se distraia com TV, celular, ou faça outra coisa no momento que se propõe a ficar comigo. Quando isso acontece, sinto-me triste, desvalorizado, deixado de lado e desmotivado.

- 3ª Presentes: gosto de receber um cartãozinho, flores, roupas, sapatos, presentes inesperados ou presentes em datas comemorativas etc. Eu me sinto amado deste modo, isso é muito mais importante que um abraço ou um elogio.

- 4ª Atos de serviço: eu me sinto amado quando o outro faz algo para mim, quando alguém me ajuda a fazer as minhas tarefas de casa, tarefas escolares, prepara a comida que eu gosto, pergunta se eu estou precisando de ajuda e faz uma parte do que eu tenho para fazer. Essas ações me trazem alegria.

- 5ª Toque físico: eu me sinto amado quando recebo abraços, beijos, cafunés, quando caminho de mãos dadas com as pessoas que gosto etc. Isso é mais importante que receber presentes ou ser elogiado.

É capaz de dizer qual é sua linguagem do amor?

Ainda não conseguiu?

Vou deixar um presente para você!

Realize o teste por meio do QR code.

Você pode usar essa ferramenta nos seus relacionamentos amorosos, com seus pais, irmãos e amigos durante todas as fases da sua vida.

Use-a, conheça-se e, assim, seja mais feliz, porque quando você reconhecer a sua linguagem do amor poderá comunicá-la a outras pessoas. As pessoas se sentem amadas de formas diferentes.

Ninguém adivinha o que você precisa. Assim, não podem dar o que você quer, elas dão o que pensam ser melhor. Depois de fazer o teste, poderá comunicar a sua ou as suas linguagens do amor — pois você pode ser bilíngue, sentir-se amado de duas formas — assim, o outro sabendo disso, irá contribuir para sua felicidade com mais assertividade.

O diálogo sem críticas e julgamentos abre as portas para relacionamentos mais saudáveis e felizes.

98% das nossas escolhas são feitas em programas que já foram instalados no nosso HD nos primeiros anos de vida. Será você que gostaria de se reprogramar?

31ª

Leve seu livro para passear hoje

Hoje seu livro vai sair com você para uma missão especial. Escolha aquela atividade que você mais gostou de fazer, ensine uma pessoa especial, faça com ela e deixe que ela se sinta como você se sentiu naquele momento.

> Na próxima página registre suas impressões e seus sentimentos durante a execução da atividade.

32ª
Seja criativo
(felicidade pode ser criada, induzida e elaborada)

Registre, nesta e na próxima página, com palavras, colagens e/ou fotos, um ou mais acontecimentos que lhe trouxeram alegria e felicidade neste ano.

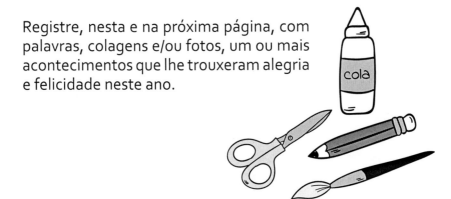

Quando você agradece ativa uma área do cérebro que produz hormônios elevando sua sensação de felicidade e bem-estar.

Pequenas ações HAS criam hábitos e com novos hábitos, novos arquivos.

Escreva uma frase de gratidão a respeito disso:

_____

_____

_____

_____

Para onde eu vou?
Se não sei, qualquer
lugar serve!!!

33ª

Criando
um dia perfeito

Inspire-se para viver hoje.

Complete as frases:

Hoje o dia vai ser

_____.

Cada dia minha vida está

_____.

Eu sou

_____.

Eu me amo

_____.

O meu coração é guiado

_____.

Eu me transformo cada dia na minha melhor

_____.

Eu sou inspirado(a)

_____.

Eu sou guiado pela inteligência do universo; assim, a cada MOMENTO tomo as melhores decisões.

34ª
O que vai desaprender hoje?

O que vai desaprender hoje?

Treine sua mente.

O nosso cérebro é nosso computador, e está sendo programado desde que nascemos, por isso, muitas coisas aprendidas não nos servem mais e estão atrasando nossa felicidade.

Escreva nas linhas coisas que precisa desaprender para ser melhor...

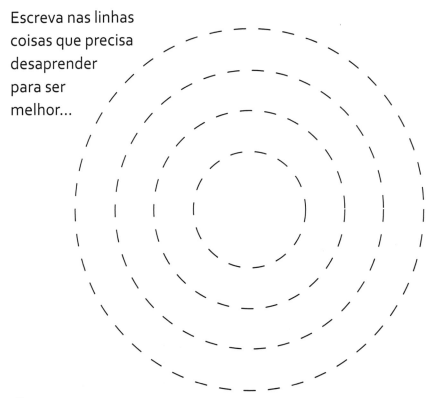

Autoconhecimento é
uma forma de usar
a sua tecnologia
interior a seu favor.

35ª
Meus sonhos do futuro

Escreva nos balões sonhos que quer realizar no futuro!!!

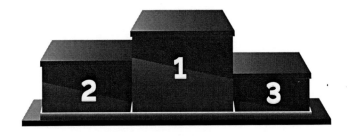

36ª

O que vou realizar primeiro

Quando estiver preparado, volte à atividade anterior e enumere, aqui, por ordem de prioridade, os seus sonhos:

_____
_____
_____
_____
_____
_____
_____
_____
_____
_____
_____
_____
_____
_____

Está indo para
onde deseja?
Caso não saiba, pare e
mude o percurso...

37ª
Em contato com o mundo

Cole aqui uma reportagem que aborde algo especial que aconteceu no mundo.

Circule as palavras que gosta e que lhe inspiram...

38ª
Perdão a mim?
Ou a quem for preciso!!

PERDÃO

Perdoe a si mesmo...

Eu devo me perdoar pelos meus erros, porque não preciso ser perfeito para realizar meus sonhos e sim ter coragem para recomeçar a cada dia, buscando ser o melhor possível. O passado se foi, agora, tenho o presente para construir um futuro lindo.

Perdoe aos outros...

Não se sinta indignado quando alguém lhe der o que você não esperava, isso é, algo que causou dor. Cada um só dá o que tem; as pessoas são únicas e estão em um nível próprio de evolução. Ninguém pode dar aquilo que ainda não tem.

No entanto, você precisa expressar de alguma maneira o que pensa e sente sobre a situação causadora da dor, pois isso trará a você paz mental e bem-estar.

Dicas para iniciar o processo do perdão:

- Converse com alguém de sua confiança;
- Escreva uma carta para a pessoa e conte tudo que está sentindo, desabafe e fale tudo;
- Pergunte-se honestamente quantas vezes você foi injusto com alguém e foi perdoado e o quanto se sentiu aliviado quando o outro lhe perdoou;
- Se coloque no lugar do outro e veja se conseguiria agir de outra forma.

Perdoe a você e perdoe aos outros; assim, você se liberta do seu passado e fica pronto para realizar seu verdadeiro potencial.

Cuide de sua saúde mental.

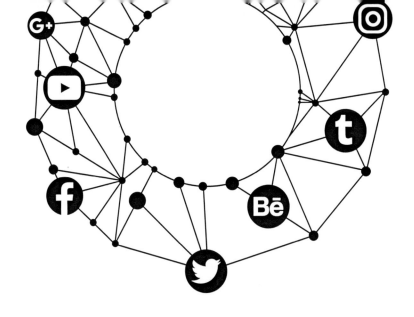

39ª

Seja um youtuber hoje e use as redes sociais

Felicidade pode ser criada, induzida e elaborada.

Escreva uma frase de incentivo para uma situação de sua escolha, apoio, paz, amor etc. Pode usar uma imagem para decorar. Faça um post nas suas redes sociais.

Quando colher os resultados, coloque algumas palavras que representem o que de positivo você despertou nas pessoas:

Encontre formas
de estar com você
e se conhecer!

40ª
Fazendo novos downloads de arquivos

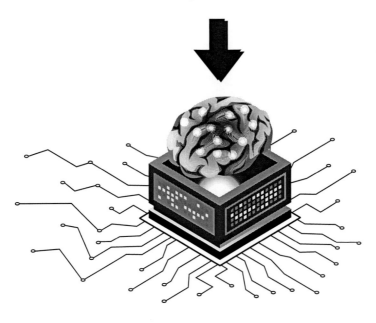

As afirmações positivas são informações que, se repetidas diariamente, vão construindo novos arquivos no seu cérebro, criando memórias que podem ser repetidas a hora que quiser. No entanto, esse exercício funciona melhor na hora de dormir ou na hora que acorda. Nesses momentos, o cérebro se encontra mais calmo e relaxado, momento ideal para dar novos comandos ao seu computador geral.

Foque nas afirmações positivas.

Use as seguintes iniciais:

- Eu sou _____.
- Eu mereço _____.
- Eu reconheço _____.
- Eu tenho _____.
- Eu estou _____.
- Eu escolho, eu decido _____.
- Algumas ideias _____.
- Eu sou feliz _____.
- Eu sou equilibrado e saudável _____.
- Eu reajo sempre com clareza e tranquilidade diante de qualquer situação _____.

LOADING

41ª
Dando o melhor para alguém

Dê para alguém a cópia da atividade que mais lhe inspirou, aquela que está entre as suas favoritas!!!

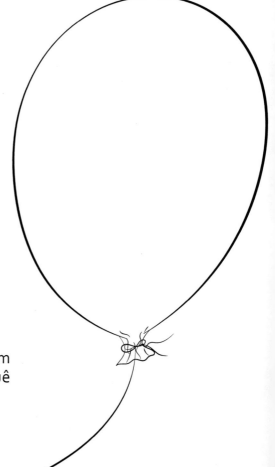

Dentro da bexiga escreva um pequeno texto do porquê esta foi a escolhida...

42ª
Uma pequena lista de práticas para melhorar a autoestima

A autoestima é a forma de perceber a si mesmo. Ela influencia as formas de ver e se relacionar com o mundo. Cada um tem a sua, que afeta o comportamento, a motivação e os equilíbrios físico e mental. Como está sua autoestima hoje? É capaz de responder? Gosta de como se vê? Confia em você de 0 até 10? Que nota daria a você?

Verifique o checklist a seguir e comece a treinar agora.

☑ Atividades físicas ajudam a aumentar o bem-estar, pois regularam a produção de hormônios ligados à autoestima.

☑ Leia sua lista dos pontos fortes que criou na atividade "Meus pontos fortes".

☑ Opte por programas de TV, jogos eletrônicos, séries e filmes que não contenham cenas de violências física ou verbal, falta de ética, tragédias e desrespeito. Isso vai lhe ajudar a aumentar a alegria e a segurança.

☑ Cuide do seu visual. Procure se vestir, usar um perfume, cuidar dos cabelos de forma que quando se olhe no espelho se sinta bonito(a).

☑ Socialização é fundamental. Tenha um grupo, no qual possa conversar e se sentir bem.

☑ Sem essa de se comparar, só se for com você mesmo. Lembre-se que deve superar a si mesmo a cada dia. Dica: evite redes sociais para comparações. As postagens, na maioria das vezes, são distantes da vida real. Foque em você.

☑ Reveja as atividades "Coisas que irei fazer nesta vida" e "Meus sonhos do futuro". Retome a leitura ou faça as atividades.

43ª

O que está acontecendo nas minhas conversas?

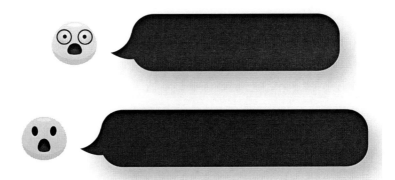

Você já parou para pensar nas formas que tem usado para conversar com as pessoas que convivem com você? Isso pode ajudar a diminuir os conflitos.

É importante observar suas posturas.

Complete as frases a seguir com as palavras "sempre", "frequentemente", "às vezes" ou "raramente".

- Grito sempre _____.
- Falo alto _____.
- Quero ter razão todas as vezes _____.
- Não espero o outro terminar de falar e já respondo _____.

- Nem sempre olho para o outro _____.
- Saio quando quero e deixo o outro falando _____.
- Gesticulo com os braços, ando de um lado para outro _____.
- Por fim, responda quais são suas expressões faciais _____.

Esse conjunto de atitudes pode estar comprometendo seus relacionamentos.

"Talvez minha comunicação não esteja boa. E agora?"

Já deu os primeiros passos que é reconhecer, estou feliz por você. Siga para a próxima atividade e descubra que tudo isso pode melhorar.

44ª
Melhorando minhas conversas

Para melhorar a comunicação é preciso:

Praticar a respiração de 30 segundos da atividade "Tomando a melhor decisão". Revise agora mesmo, pois isso lhe ajudará a não gritar, nem responder de supetão, pois terá tempo de escolher uma área mais nobre do seu cérebro para reagir. Dica: se treinar isso por um mês vai condicionar seu cérebro a fazer no piloto automático. Assim, só tem a ganhar.

- Nunca use palavras ou perguntas de provocação ou taxativas. Nos nossos relacionamentos não têm perdedor nem ganhador, mas sim pessoas buscando uma convivência melhor. Não faça rodeios. Vá direto ao ponto, isso ajuda muito.

- Nunca comece uma conversa com uma crítica ou uma punição.

- Não fique exigindo, falando só do que o outro não fez, isso gera desvalorização e prejudica os relacionamentos.

- Sempre que quiser colocar suas ideias e opiniões, faça isso em momentos que possam melhorar o que está acontecendo, nunca piorar.

Minhas emoções

Uma emoção pode ser descrita como uma sensação física e emocional desencadeada por algum estímulo, que vem de um sentimento ou um acontecimento. As emoções podem ser boas ou ruins! Uma emoção ruim pode paralisar, diminuir o foco, a concentração e levar a uma tomada de decisão com violência física ou verbal. Uma emoção boa aumenta o foco, leva a uma ação mais assertiva, aumenta a motivação e a felicidade. Conhecer as emoções quando elas surgem levam a ficar no momento presente e não ser prisioneiro dos pensamentos, sentimentos, formas de agir e posturas indesejadas.

Minhas emoções podem ser substituídas por outras?

Sim ou não?
A resposta é sim.

Como posso treinar minha mente para ter emoções diferentes?

Dicas para isso:

- Exercício de autoconhecimento (saber reconhecer para poder ver aquilo que desejo melhorar).

- Liste pensamentos, sentimentos ou sensações da última semana.

Vou lhe ajudar a começar!

Levante os seguintes questionamentos:
Como acordei hoje?

O que senti quando estava almoçando?

O que pensei antes de dormir ontem?

Sei qual ou quais pensamentos se repetiram na última semana?

- Leia sua lista dos pontos fortes que criou na atividade "Meus pontos fortes".

- Opte por programas de TV, jogos eletrônicos, séries e filmes que não contenham cenas de violências física ou verbal, falta de ética, tragédias e desrespeito. Isso vai lhe ajudar a ativar suas memórias emocionais positivas.

- Respiração de 30 segundos.

- Respiração consciente.

46ª

Aprendendo a ouvir

Saiba que cada pessoa tem um referencial de mundo que se baseia nas suas experiências adquiridas na infância, todos os traumas afetam sua forma de ver o mundo, além das suas crenças e valores. Cada ser humano é único. Saber ouvir o outro fortalece as amizades, pois aumenta o vínculo afetivo e o respeito e ele se sente valorizado.

Vamos treinar!

Quando for ouvir alguém procure:

- Tente ficar na conversa não com seus referenciais, mas sim do outro.

- Olhe nos olhos e preste atenção até o final da conversa.

- Não interrompa, espere a pessoa concluir. Ela mesmo se escuta enquanto fala com você.

- Tente não dar conselhos. Caso isso venha à sua mente, espere a conversa terminar e levante os seguintes questionamentos:

Se tudo estivesse resolvido:

Como estaria se sentindo agora?

Onde estaria?

O que estaria fazendo?

Isso vai ajudar a sair do momento ruim e até encontrar alguma solução que nem havia pensado.

Será que consegue colocar isso em prática?

47ª
Reconhecendo meu momento presente

Escolha seu melhor horário. As manhãs são ótimas para agradecer por tudo o que tem e direcionar o seu dia. As noites são uma oportunidade para agradecer tudo que vivenciou no seu dia e desejar a você mesmo uma maravilhosa noite de sono. Treinar o olhar para focar nas coisas boas da vida, grandes e pequenas, é construir um novo estilo de vida! Seja grato(a) pela vida, a saúde, a comida, a roupa, por alguém que foi gentil com você, o que mais vier à sua mente.

Para tornar tudo mais divertido:

Escolha o dia para começar e não se esqueça de colocar data em cada dia de suas anotações. Se possível, e for do seu gosto, aproveite para usar canetinhas coloridas. Escreva o que aconteceu de legal, aquilo que lhe deixou feliz.

1° dia ___ / ___ / ___ ♡ ✿ ☼

1° Três coisas pelas quais sou grato(a)

_____

_____

_____

2° Uma conquista

_____

3° O que me fez rir

_____

2° dia ___ / ___ / ___ ♡ ✿ ☼

1° Três coisas pelas quais sou grato(a)

_____

_____

_____

2° Uma conquista

_____

3° O que me fez rir

_____

3° dia ___ / ___ / ___ ♡ ✿ ☼

1° Três coisas pelas quais sou grato(a)

_____

_____

_____

2° Uma conquista

_____

3° O que me fez rir

_____

4° dia ___ / ___ / ___ ♡ ✿ ☼

1° Três coisas pelas quais sou grato(a)

2° Uma conquista

3° O que me fez rir

5° dia ___ / ___ / ___ ♡ ✿ ☼

1° Três coisas pelas quais sou grato(a)

2° Uma conquista

3° O que me fez rir

6° dia ___ / ___ / ___ ♡ ✿ ☼

1° Três coisas pelas quais sou grato(a)

2° Uma conquista

3° O que me fez rir

7° dia ___ / ___ / ___ ♡ ✿ ☀

1° Três coisas pelas quais sou grato(a)

_____

_____

_____

2° Uma conquista

_____

3° O que me fez rir

_____

8° dia ___ / ___ / ___ ♡ ✿ ☀

1° Três coisas pelas quais sou grato(a)

_____

_____

_____

2° Uma conquista

_____

3° O que me fez rir

_____

9° dia ___ / ___ / ___ ♡ ✿ ☀

1° Três coisas pelas quais sou grato(a)

_____

_____

_____

2° Uma conquista

_____

3° O que me fez rir

_____

10° dia ___ / ___ / ___ ♡ ✿ ☀

1° Três coisas pelas quais sou grato(a)

_____

_____

_____

2° Uma conquista

_____

3° O que me fez rir

_____

11° dia ___ / ___ / ___ ♡ ✿ ☀

1° Três coisas pelas quais sou grato(a)

_____

_____

_____

2° Uma conquista

_____

3° O que me fez rir

_____

12° dia ___ / ___ / ___ ♡ ✿ ☀

1° Três coisas pelas quais sou grato(a)

_____

_____

_____

2° Uma conquista

_____

3° O que me fez rir

_____

13° dia ___ / ___ / ___ ♡ ❀ ☼

1° Três coisas pelas quais sou grato(a)

2° Uma conquista

3° O que me fez rir

14° dia ___ / ___ / ___ ♡ ❀ ☼

1° Três coisas pelas quais sou grato(a)

2° Uma conquista

3° O que me fez rir

15° dia ___ / ___ / ___ ♡ ❀ ☼

1° Três coisas pelas quais sou grato(a)

2° Uma conquista

3° O que me fez rir

16° dia ___ / ___ / ___ ♡ ❀ ☀

1° Três coisas pelas quais sou grato(a)

_____
_____
_____

2° Uma conquista

_____

3° O que me fez rir

_____

17° dia ___ / ___ / ___ ♡ ❀ ☀

1° Três coisas pelas quais sou grato(a)

_____
_____
_____

2° Uma conquista

_____

3° O que me fez rir

_____

18° dia ___ / ___ / ___ ♡ ❀ ☀

1° Três coisas pelas quais sou grato(a)

_____
_____
_____

2° Uma conquista

_____

3° O que me fez rir

_____

19° dia ___ / ___ / ___ ♡ ✿ ☀

1° Três coisas pelas quais sou grato(a)

_____

_____

_____

2° Uma conquista

_____

3° O que me fez rir

_____

20° dia ___ / ___ / ___ ♡ ✿ ☀

1° Três coisas pelas quais sou grato(a)

_____

_____

_____

2° Uma conquista

_____

3° O que me fez rir

_____

21° dia ___ / ___ / ___ ♡ ✿ ☀

1° Três coisas pelas quais sou grato(a)

_____

_____

_____

2° Uma conquista

_____

3° O que me fez rir

_____

22° dia ___ / ___ / ___ ♡ ✿ ☼

1° Três coisas pelas quais sou grato(a)

_____

_____

_____

2° Uma conquista

_____

3° O que me fez rir

_____

23° dia ___ / ___ / ___ ♡ ✿ ☼

1° Três coisas pelas quais sou grato(a)

_____

_____

_____

2° Uma conquista

_____

3° O que me fez rir

_____

24° dia ___ / ___ / ___ ♡ ✿ ☼

1° Três coisas pelas quais sou grato(a)

_____

_____

_____

2° Uma conquista

_____

3° O que me fez rir

_____

25° dia ___ / ___ / ___ ♡ ✿ ☼

1° Três coisas pelas quais sou grato(a)

_____

_____

_____

2° Uma conquista

_____

3° O que me fez rir

_____

26° dia ___ / ___ / ___ ♡ ✿ ☼

1° Três coisas pelas quais sou grato(a)

_____

_____

_____

2° Uma conquista

_____

3° O que me fez rir

_____

27° dia ___ / ___ / ___ ♡ ✿ ☼

1° Três coisas pelas quais sou grato(a)

_____

_____

_____

2° Uma conquista

_____

3° O que me fez rir

_____

28° dia ___ / ___ / ___ ♡ ✾ ☼

1° Três coisas pelas quais sou grato(a)

2° Uma conquista

3° O que me fez rir

29° dia ___ / ___ / ___ ♡ ✾ ☼

1° Três coisas pelas quais sou grato(a)

2° Uma conquista

3° O que me fez rir

30° dia ___ / ___ / ___ ♡ ✾ ☼

1° Três coisas pelas quais sou grato(a)

2° Uma conquista

3° O que me fez rir

48ª

Cuidando das áreas mais importantes da minha vida

Este espaço é dedicado à construção de um plano para realizar seus desejos e sonhos. Registre aqui seu plano e vá colocando ações práticas para cuidar melhor de você para escrever um futuro melhor. Durante a leitura e a construção do seu livro surgiram ideias. Aproveite.

Nas próximas páginas vai encontrar um espaço que está divido em seis áreas: **emocional, saúde, lazer e diversão, relacionamentos, o mundo e eu e minhas conquistas materiais**. Prepare-se para escolher apenas duas áreas por vez e se dedicar a elas por um período de 30 dias, só depois avançar para outras áreas.

Defina a área escolhida para propor ações durante a primeira semana e anote o dia que vai executar. Depois que começar a realizar suas ações deve voltar aqui todo final de semana para:

1. Comemorar o que conseguiu fazer.

2. Verificar aquilo que não fez, pensando se vai manter e tentar fazer ou subsistir por outra ação.

3. Colocar novas ações na próxima semana.

Comece sempre pelas ações mais rápidas e fáceis de fazer, depois vá ampliando. Assim, vai aumentar sua motivação.

Bem-estar emocional

- Como vou melhorar meu bem-estar emocional? Começando!

- Como estou me sentindo nas últimas semanas, o que tenho pensado?

- Vou conversar com alguém sobre o que estou sentindo.

- Vou sinalizar para a minha família que preciso de terapia, pois sozinho não estou dando conta.

- Está tudo bem, mas quero melhorar a autoestima, a esperança, a motivação, a empatia ou outra habilidade que vai me tornar mais inteligente emocionalmente.

- O que vou fazer: assistir a um vídeo, ler um livro ou outra forma de começar a investir em mim.

Registre já e comece nesta semana mesmo.

Minha saúde

- Como vou melhorar minha saúde física? Vou registrar, marcar data e hora para começar.

- Qual é minha massa? Preciso emagrecer, engordar ou manter o peso?

- O que estou comendo é saudável? Tenho me alimentado na hora certa?

- Quantas horas estou dormindo? Durmo tarde ou na hora certa?

Revise tudo isso e trace algumas ações práticas.

Lazer e diversão

- O que posso fazer para me divertir e ter lazer?

- Preciso de momentos que me tragam prazer, satisfação e felicidade. Assim, pensarei agora sobre:

- O que tenho feito para me divertir?

- O que me deixa feliz e realizado?

- O que eu fazia na infância e gostaria de retomar?

Relacionamentos

- Como poderia melhorar meu relacionamento com meus familiares e amigos?

- Como está esse relacionamento? Bom ou ruim?

- Algumas estratégias:

- Tenha uma boa conversa em um momento tranquilo para colocar o que deseja melhorar e aquilo que está sentindo falta.

- Organize um tempo de qualidade com as pessoas que gosta; um passeio, cozinhar juntos, assistir a um filme, ou outras atividades.

- Liste o que se propõe a fazer.

O mundo e eu

O que posso fazer para ajudar o mundo? Dar a minha contribuição social é fundamental. Já pensou em começar a fazer sua parte? Se queremos que tudo melhore, precisamos começar. Registre algumas das ações que pode fazer pela sua escola, bairro, cidade ou mesmo em sua casa. Se não tem ideias, pergunte à sua família ou aos seus professores como poderia ajudar em algo

Minhas conquistas materiais

Vou traçar um plano para conquistar tudo o que eu quero no meu futuro material!

Eu vou estudar para ser _____.

Eu quero ser _____ , para isso eu vou

_____.

Eu quero ter _____.

Eu quero morar _____.

Volte na atividade "Meu futuro já aconteceu". Veja seus registros e amplie sua visão para começar a colocar algumas ações para os próximos dias do mês, mesmo que o sonho vá acontecer daqui a alguns anos, precisa começar já.

O que fará nos próximos dias para começar a tornar seus sonhos realidade? Coloque data e hora para fazer. Cada vez que concluir uma ação, volte, risque-a e proponha outra para dar continuidade.

49ª Dobre a orelha das suas páginas favoritas

Escreva palavras dentro dos balões que justifiquem por que elas são as favoritas.

50ª
Seja o engenheiro e o arquiteto da sua história

Volte sempre naquelas atividades que mexeram com você. Leia, refaça, mude as respostas, os sonhos, as metas, os desafios que já venceu. Veja o quanto já se conhece e o quanto já evoluiu como ser humano.

Este diário pode e deve ser reescrito muitas vezes durante sua vida.

Estas frases vão compor o espaço de anotação:

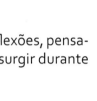

- Não posso deixar isso escapar.
- Aqui tudo posso anotar.
- Este espaço é dedicado as suas ideias, reflexões, pensamentos, sentimentos e tudo aquilo que surgir durante a leitura e construção do seu livro.

Cinco páginas para isso:

- Eu crio
- Eu cuido
- Eu desabafo
- Eu construo
- Eu dedico
- Eu planejo
- Eu consigo
- Eu mudo
- Eu transformo

- Eu reconheço

- Eu posso

- Eu quero

- Eu estou evoluindo

- Eu invisto em mim

- Eu sou importante

- Eu sou um sucesso

- Eu vivo

- Eu sonho e realizo

- Eu faço diferente

- Eu faço melhor

- Eu encontro o melhor

- Eu voo alto

- Eu recomeço

D S T Q Q S S

Data ___ / ___ / ___.

D S T Q Q S S   Data ___ / ___ / ___.

D S T Q Q S S

Data ___ / ___ / ___.

D S T Q Q S S   Data ___ / ___ / ___ .

D S T Q Q S S

Data ____ / ____ / ____.